LA FRANCE

ET

LE CONGRÈS

PARIS

DENTU, LIBRAIRE-ÉDITEUR

PALAIS-ROYAL, GALERIE D'ORLÉANS

1878.

La situation européenne ne s'est pas sensiblement modifiée depuis le moment, très rapproché du reste, où la présente brochure a commencé d'être écrite. On croit un peu moins au Congrès, mais on y croit encore, et les négociations tendant à le réunir continuent. La présente brochure a donc toujours sa raison d'être ; et, même si la guerre éclatait bientôt sans Congrès, elle pourrait redevenir de saison le jour où il faudrait régler les résultats de cette lutte nouvelle. C'est pourquoi nous lançons dans le monde les pages qu'on va lire.

En 1866, l'auteur de ces pages jetait à la France, et même à l'Europe, ce cri d'alarme : *Gare à la Prusse !* Aujourd'hui, dans cette brochure, il vient jeter ce cri équivalent : *Gare à l'Allemagne.*

2 mai 1878.

LA FRANCE ET LE CONGRÈS

Le Congrès revient sur l'eau. Il y a quelques jours, les plus optimistes désespéraient de le voir se réunir; voici maintenant que les plus pessimistes arrivent presque à y croire. Là-dessus le vent a tourné. A quoi tient ce revirement? on ne sait pas bien. M. de Bismarck, dit-on de certains côtés, devenu tout à fait pacifique après des hésitations assez grandes, assume, à l'heure qu'il est, franchement le rôle de médiateur ou de pacificateur : or, ajoute-t-on, qui pourrait résister à M. de Bismarck mettant dans la balance, en faveur du Congrès ou de la paix, le poids de ses quinze ou dix-huit cent mille hommes?... Il est certain que si M. de Bismarck le veut sérieusement, le Congrès aura lieu. Le veut-il? voilà la question. Nous dirons plus bas pour quels motifs il peut le vouloir; quelles raisons, d'autre part, fort sérieuses, donneraient à penser que le politique de Berlin se soucie peu de faire aboutir des tentatives pacifiques et, par ses gestes actuels dans le sens de la paix, s'amuse tout simplement à berner le monde. Quoi qu'il en soit des vrais desseins de cet homme, il se pourrait qu'un Congrès vînt à s'assembler plus ou moins prochainement. L'heure nous paraît en conséquence propice pour traiter une question tout à fait importante, la question de savoir si, un Congrès se réunissant, la France doit tenir, d'abord, et en second lieu doit consentir à y être représentée.

Question grave, à coup sûr, non moins que complexe et vraiment épineuse! On dit que la légèreté républicaine de M. Waddington l'a déjà résolue par l'affirmative. Raison de plus pour que nous entreprenions de démontrer que la négative est bien plus commandée par la situation accidentellement amoindrie, par l'honneur et par les vrais intérêts de la France.

Cette démonstration, elle résultera des réponses que comporteront inévitablement quatre questions subsidiaires dont l'examen s'impose au préalable, et que voici :

1° Qui est-ce qui demande le Congrès?

2° Qu'est-ce qu'on y ferait ?

3° Quel rôle pourrait y jouer la France,

dans l'état d'amoindrissement où elle se trouve ?

4° En leur supposant le pouvoir d'obliger tous les États participants, à qui profiteraient les décisions qui y seraient prises ?

Abordons cet examen nécessaire. On verra quelle conclusion en sort, et de quelle façon irrésistible.

I

QUI EST-CE QUI DEMANDE LE CONGRÈS ?

Tout le monde conviendra que pour arriver à la démonstration promise il n'est point oiseux de poser cette première question accessoire. Car à voir seulement qui réclame le Congrès on pourra juger déjà quelque peu ce qui vaut le mieux pour la France, d'y figurer ou de n'y point paraître.

Qui demande le Congrès ?... C'est d'abord et surtout l'Autriche ; en second lieu, c'est l'Angleterre ; troisièmement, c'est peut-être, et l'on peut, certes, nourrir à cet égard quelque doute, c'est peut-être l'Allemagne, l'Allemagne de

M. de Bismarck, escortée de ses satel-
listes, l'Espagne alphonsiste et l'Italie
piémontisée. Quant à la Russie, visiblement elle s'en passerait fort. Nous n'a-
vons pas à parler de la Turquie, dont la
volonté ne compte plus et dont l'existence est précisément un des objets du
débat engagé entre les puissances européennes.

L'Autriche, en demandant le Congrès,
n'est suspecte d'aucune arrière-pensée
contre nous. Elle ne désire rien, que
vivre telle que les siècles l'ont faite,
telle au moins que l'ont laissée les événements de 1866. Elle ne nous garde
même pas rancune, quoique la chose
lui fût permise, du mal que Bonaparte
lui a fait à cette dernière date surtout,
en poussant contre elle, à la fois, la
Prusse, et le Piémont grossi de presque
toute l'Italie. La guerre turco-russe l'a
profondément inquiétée ; toute reprise
de cette lutte, ou toute autre guerre
européenne, dans les circonstances présentes, l'effrayerait bien davantage encore. Placée entre la Russie, qui fait du
pan-slavisme, la Prusse agrandie qui, au
nom du *pan-germanisme*, vise manifes-
tement ce qui lui reste de pays allemand,
et cette Italie piémontaise qui vise le
Tyrol au nom du *pan-italianisme*, elle
ne demande que le *statu quo*, que la
paix universelle et perpétuelle. Si toutes
les puissances devaient apporter à un

Congrès autant de désintéressement que l'Autriche, la France, à coup sûr, pourrait s'y faire représenter, sans nul scrupule et nulle crainte.

Après l'Autriche, pour vouloir le Congrès, vient l'Angleterre. L'Angleterre aurait besoin du Congrès comme dernière chance, sinon comme infaillible moyen de faire reculer la Russie sans être obligée de se lancer dans une guerre dangereuse. C'est elle, presque autant que la Turquie, qui a été vaincue sur les champs de bataille d'Asie et d'Europe; la défaite des Turcs, la décisive victoire des Russes équivaut à la ruine de son influence dans cet Orient où jusqu'ici elle dominait; et son commerce subit un aussi grave dommage que sa puissance. En se jetant plus tôt dans la mêlée, en apportant aux Turcs, avant qu'ils fussent accablés, autre chose que son appui moral et que son argent, peut-être aurait-elle réussi à changer la fortune ; mais qui pouvait en répondre ? et en intervenant, d'ailleurs, ne risquait-elle pas de provoquer d'autres interventions redoutées, c'est-à-dire quelque formidable branle-bas ? Ces deux incertitudes l'ont retenue. Elle a jugé plus sage, et en tous cas plus commode, d'attendre que le Sultan, vaincu, demandât merci, pour réclamer, elle, un Congrès, où les questions ouvertes par cette guerre fussent portées, et jugées à la majorité des voix, d'une façon souveraine. Car c'est ainsi qu'elle entend le Congrès, l'Angleterre. Avouons que si son point de vue pouvait-être adopté, il y aurait lieu de la proclamer supérieurement habile : sans brûler une amorce, à l'aide des voix diplomatiques représentant les puissances qui ont besoin de la paix et la veulent, elle ferait reculer la Russie victorieuse, elle maintiendrait en Orient tout son pouvoir et tout son prestige. Ne recherchons point pour le moment si son point de vue peut et doit être accepté. Parmi les puissances qui, dans le Congrès, voteraient pour la paix et ainsi lui feraient cortège, le gouvernement britannique a évidemment compté la France. En désirant nous y voir il n'est mû, nous l'accordons, par aucune pensée hostile à notre égard. Mais devons-nous y aller dans le seul but de lui être agréables ou utiles? non, à coup sûr: le dévouement désintéressé serait plus qu'une duperie à l'égard d'une nation qui a favorisé tout ce qui s'est fait depuis vingt ans contre nous, en Europe, et qui nous a fort bien laissé écraser dans notre guerre de 1870-71. Pour aller ou pour n'aller pas au Congrès, en supposant qu'il s'ouvre, nous n'avons à consulter que notre intérêt et nos convenances propres.

Or, passons à l'Allemagne. Nous ne dirons pas ici encore pour quelles raisons l'Allemagne pourrait vouloir du Congrès, avec ses acolytes de Madrid et du Quirinal, pour quelles raisons elle peut n'en pas vouloir, au contraire ; ce que nous affirmons tout de suite, c'est que la tenue du Congrès dépend de la volonté de M. de Bismarck ; et M. de Bismarck ne nous souhaitant que du mal, si le Congrès se tient, c'est qu'il y aura vu un moyen de nous nuire. Nous montrerons de quelle manière il nous y nuirait, secondé par ses valets du Quirinal, qui sont animés à notre égard de la même haine. Mais nous devons ajouter immédiatement, sauf à le prouver plus loin, que notre présence favoriserait beaucoup, sous ce rapport, les mauvais desseins de nos ennemis implacables.

Nous résumant sur ce premier point, nous dirons : On devrait aller au Congrès pour être agréable et utile à l'Autriche qui souhaite nous y voir ; pour être agréable et utile à l'Angleterre, qui le désire fort elle-même, on pourrait y aller encore, quoique sans empressement et sans enthousiasme ; mais le Congrès ne pouvant se tenir sans que M. de Bismarck le veuille, c'est-à-dire sans que M. de Bismarck trouve à en tirer quelque avantage pour lui-même et pour les autres gens de proie rivés à sa fortune, cela seul doit nous avertir que nous avons beaucoup à y perdre, cela seul doit nous faire refuser d'y paraître.

Cette abstention, nous allons la motiver bien mieux encore en indiquant tout ce que le Congrès aurait à discuter, tout ce qu'il lui prendrait fantaisie de régler, sans doute, tout ce qui peut en sortir, pour nous, de fâcheux ou même de lamentable.

II

QUE FERAIT-ON DANS LE CONGRÈS?

Ce qu'on ferait dans le Congrès, nul ne le sait au juste. Et il y a là précisément un mystère, un inconnu, un sac éventuel à surprises capable d'effrayer quelque peu. Chacun y viendrait, à coup sûr, avec des vues propres et des pensées égoïstes, avec la volonté de travailler et l'espoir de réussir à duper, amoindrir, humilier ses naturels adversaires. Voilà bien pourquoi, d'abord, il est si difficile de le réunir et pourquoi le fait de sa réunion demeure si problématique; voilà pourquoi surtout, sans nous occuper des autres, la France a le devoir impérieux de se tenir sur ses gardes.

Outre la nature des choses, outre même l'existence avérée de certains appétits toujours dirigés contre nous, il y a, pour nous imposer la défiance, un précédent célèbre, un précédent qui montre quelles questions étrangères à son but apparent peuvent être introduites dans un Congrès, quelles semences de bouleversements s'y trouvent parfois traitreusement jetées, pour fructifier bientôt d'une façon lamentable. En 1856 les représentants des grandes puissances étaient réunis à Paris pour clore aussi une guerre d'Orient et rédiger un traité qui en résumât les conséquences plus ou moins légitimes. Or, au beau milieu de ces discussions ayant pour objet direct la Turquie et les intérêts orientaux des nations européennes, surgit à l'instigation de cet idiot malfaisant appelé Napoléon III, avec l'agrément et à la grande joie de l'Angleterre, à la joie aussi de M. de Bismarck sans doute (1), à

---

(1) On peut se rappeler que vers 1860 et 1861, le prince Guillaume gouvernant en qualité de Régent pour son frère toujours roi, mais tombé en enfance, on peut se rappeler qu'à ce début des bouleversements italiens, la Prusse se montra contraire aux gestes garibaldiens et piémontais, comme elle avait vu d'un mauvais œil en 1859 la campagne et les victoires françaises contre l'Autriche. On peut se rappeler même qu'au moment où François II de Naples se vit obligé de s'enfermer dans Gaëte, avec les restes fidèles de son armée, ce fut un petit vaisseau de guerre prussien qui, le premier, vint se placer devant le port et devant la place, pour en écarter la flotte que les Piémontais venaient de

la joie de tout ce qui détestait la France,
surgit cette motion de Cavour, relative
à l'Italie, d'où sont sorties, comme le
poulet sort de l'œuf, l'unité italienne et
l'unité germanique, causes, à leur tour,
de nos désastres, de nos amputations,
de notre écrasement.

Oui, ce fut le maître même de notre
pays qui, en 1856, sous les traits de
Cavour son avisé complice, posa ce
premier jalon à des entreprises dont
l'issue ne pouvait manquer de nous être
funeste. Cette fois, il faut croire que les
hommes chargés de nous représenter
dans le nouvel aréopage européen ne
pousseraient pas l'aveuglement stupide
ou la scélératesse jusqu'à se faire les
promoteurs de quelque belle chose ana-
logue ; et encore, par l'esprit anti-clé-

---

voler au roi François II et tournaient contre lui.

C'est-à-dire que le Régent Guillaume se révol-
tait contre les odieuses violations du droit des
gens dont les princes italiens, comme le Pape
Pie IX, étaient victimes ; et peut-être songeait-il
à intervenir en faveur des princes traîtreuse-
ment dépossédés, aussi bien que pour la défense de ce droit public européen.

Or, on raconte que M. de Bismarck, ministre
de Prusse quelque part, accourut à Berlin pour
dissuader le Régent de toute action dans ce
sens, pour lui conseiller de tout laisser faire, au
contraire, lui montrant combien la Prusse aurait
à tirer profit des exemples donnés, en appli-
quant à l'Allemagne ce principe des nationalités que Bonaparte venait d'inventer et appli-
quait à l'Italie au grand détriment de la France.

rical, c'est-à-dire anti-chrétien ou anti-français, qui souffle autant que jamais, pour le quart d'heure, dans nos sphères gouvernementales, ne sommes-nous qu'à moitié rassuré et ne voudrions-nous jurer de rien; nous ne jurerions pas surtout que, sans jouer ce rôle de promoteurs peu en rapport dorénavant avec notre situation effacée, ils ne fussent de taille à seconder de leur vote quiconque assumerait ce rôle à la Cavour-Napoléon : nous pouvons ajouter que les voyages *diplomatiques* du citoyen Gambetta et que les allures actuelles de cet ex fou-furieux, comme celles de tout son clan, doivent donner, sous ce rapport, beaucoup à réfléchir, sinon beaucoup à craindre. En tout cas, à défaut des nôtres, M. de Bismark se trouverait là, escorté de ceux qui ont tiré avec lui contre nous, de la motion de 1856, de si beaux avantages; il se trouverait là, lui, le Cavour de l'Allemagne, exploitant contre nous, comme Cavour, la merveilleuse idée de Bonaparte, le soi-disant principe des nationalités; il se trouverait là, très capable de lancer un brûlot du même genre.

Essayons, au surplus, d'imaginer, en dehors de cette perspective spéciale, quels sujets s'imposeraient probablement ou s'offriraient plus ou moins naturellement aux discussions, aux délibérations dudit aréopage.

De la Turquie, certainement, on s'occuperait d'abord. Pourrait-on sérieusement proposer, selon les désirs apparents de l'Angleterre, de rétablir le *statu quo ante bellum,* c'est-à-dire d'enlever à la Russie tout fruit de ses victoires, en rendant pleine et pure vigueur aux traités ou conventions de 1856 et 1871 ? Cela, il faut en convenir, serait déraisonnable. En se lançant dans cette guerre, la Russie a eu évidemment pour but partiel, si ce n'est pour but exclusif et unique, de déchirer les traités en question ; si l'on voulait les maintenir intacts, on devait se mettre dès le début en devoir de les défendre et immédiatement se mêler à la lutte. Par cela qu'on a d'abord laissé faire la Russie, on a admis en principe, à son profit, une atténuation quelconque de ces traités, odieux non moins que gênans pour elle. Lui demander aujourd'hui d'y revenir, de s'y soumettre volontairement et à nouveau, avouons que cela sent l'absurde. Avouons que l'Angleterre énonce, à cet égard, des prétentions désormais outrecuidantes et inadmissibles. Il serait fort habile et fort commode, à coup sûr, mais non juste, d'avoir laissé un Etat s'engager dans une lutte et s'imposer, pour la soutenir, d'immenses sacrifices, puis, sans avoir brûlé une cartouche pour défendre soi-même ses intérêts menacés, sans avoir couru aucun risque, de venir dans un Congrès, à l'aide d'une majorité de voix diplomatiques, arracher à cet État le prix de ses sacrifices comme de ses victoires. L'équité, aussi bien qu'un certain sentiment chevaleresque, ferait un devoir à tout diplomate sérieux, membre de Congrès ou de Conférence, de s'élever contre une velléité semblable.

L'Angleterre, dira-t-on, se fait ici le champion des traités et du droit des gens. Ah ! la bonne plaisanterie ! Outre qu'alors elle aurait dû agir dès le début de cette lutte et se mettre il y a déjà un an en travers de la Russie, outre ce petit détail, qui ne manque point d'importance, que vient-on nous parler du droit des gens et des traités, de la part de l'Angleterre ou de la part de n'importe quelle autre puissance ? Des traités, est-ce qu'on en respecte encore ? est-ce qu'un droit des gens existe toujours, universellement reconnu et soutenu, pour refréner les ambitions des rapaces ? est-ce que, vers 1859, 1860 et années suivantes, la chère Albion n'a pas largement contribué à le détruire, parce que sa destruction pouvait tout spécialement nous être nuisible ? Aujourd'hui que les semences jetées en 1859 et 1860 ont porté leurs fruits logiques, et parce que de la destruction du droit des gens elle-même commence à souffrir, Albion est-elle bienvenue à se plaindre? et surtout faut-il que nous allions risquer de nous compromettre en épousant sa querelle ? S'est-on, enfin, inquiété du droit des gens, et a-t-on réclamé un Congrès en 1871, lorsqu'il nous a fallu traiter avec l'Allemagne et subir les conséquences de nos défaites?

L'Angleterre elle-même ne s'en est pas inquiétée alors; elle s'en inquiète aujourd'hui : il paraît donc que nous valons à ses yeux moins que la Turquie ! Cela serait bien flatteur pour nous, si l'on ne savait que l'égoïsme rend aveugle. L'écrasement de la France ne préjudiciait pas directement à l'Angleterre, et même donnait satisfaction à ses rancunes de vieille rivale ; l'écrasement de la Turquie la touche fort et très-spécialement, au contraire. N'insistons pas ici sur la bévue qui consisterait à croire l'intégrité de l'empire ottoman plus nécessaire à l'équilibre européen que l'intégrité ou la force de la France. L'Angleterre se mord peut-être les doigts aujourd'hui de nous avoir laissé amoindrir, et de n'avoir point pris en 1870 ou 71, à propos de nous, la défense de l'équilibre européen. Mais son repentir n'est pas bien manifeste ; et le fût-il autant que possible, il ne devrait en rien dicter notre conduite dans la circonstance.

En somme, le programme de l'Angleterre, tel qu'il est exposé dans la circulaire de lord Salisbury, ne serait soutenu par personne au Congrès, à moins qu'il ne le fût par les fameux diplomates, quelque peu oisons, de notre jeune République. Rendons justice à M. de Bismarck, quoique nous le détestions cordialement, comme il déteste la France : ce n'est point sur le terrain inacceptable du respect absolu des traités de 1856 et 71, mais sur le terrain précisément de leur révision *rationnelle*, qu'il propose ou fait semblant de proposer la médiation dont le monde s'occupe fort, à cette heure, et sur laquelle s'appuient tant d'illusions ou tant de fragiles espérances.

On aurait donc à s'occuper dans le Congrès, certainement et fatalement, des amputations que doit subir la Turquie : on rechercherait ce qu'il est possible d'en détacher, ce qu'il en faut absolument laisser subsister encore et jusqu'à nouvel ordre, pour que l'Angleterre soit satisfaite, pour que la Russie se déclare elle-même contente, pour que l'Autriche, nantie de quelque morceau, n'ait pas immédiatement à se plaindre, pour que l'Italie se taise, ayant tout de suite aussi quelque os à ronger, pour que M. de Bismarck, enfin, le grand chef d'orchestre de ce concert de partageux, l'auteur inspiré de cette harmonie entre loups, puisse se frotter les mains lui-même, tenant déjà ou sûr de tenir bientôt une *compensation équitable*.

Voilà bien le problème à débattre. Ne nous inquiétons pas pour le moment de savoir si, trouver les bases de l'accord à intervenir, sur le dos de la Turquie, et peut-être sur le dos de quelques autres, entre l'Angleterre, la Russie, l'Autriche, les hommes de proie du Quirinal et les hommes de proie de Berlin, n'est pas chose impossible; si dès lors, même réuni contre vents et marées, le Congrès ne doit pas, au plus favorable et infailliblement, demeurer stérile, ou même brouiller davantage les cartes et mettre décidément le feu aux quatre coins de l'Europe. Remarquons seulement que dans la liste des partageux appelés à cette curée, une espèce de force des choses nous a empêché de comprendre la France. Personne ne songerait en effet à lui rien offrir; tout le monde, excepté elle, s'enrichirait de ces dépouilles, ou bien s'agrandirait et deviendrait plus puissant à l'occasion de ce partage : d'où pour elle un nouveau degré de déchéance.

Pour mieux faire comprendre ce que les moins clairvoyants, à coup sûr, peuvent entrevoir, nous allons montrer maintenant quel rôle aurait à jouer dans ce Congrès notre pauvre pays; nous dirons du même coup quel rôle de dupe certains puissants seraient bien aises de nous y imposer, sans doute.

III.

QUEL ROLE LA FRANCE POURRAIT-ELLE JOUER DANS LE CONGRÈS ?

Nous avons dit quelles puissances surtout demandent ou souhaitent le Congrès. Mais nous n'avons pas nominativement désigné toutes celles qui, pour le rang qu'elles occupent, seraient appelées à y prendre place. Or, afin de bien saisir le rôle que pourrait y jouer la France, il est indispensable d'avoir en quelque sorte sous les yeux les noms des Etats en compagnie desquels elle s'y trouverait, avec lesquels elle aurait à délibérer.

Là donc, en supposant qu'on puisse les y amener toutes deux, se trouveraient d'abord, face à face, la Russie et l'Angleterre. Comme vaincue, à qui l'on ferait l'honneur de ne pas la dépecer sans l'entendre et sans lui permettre de crier un peu, la Turquie également y serait admise. Il y aurait place naturellement aussi pour l'Autriche, très-directement impliquée dans cette liquidation difficile, et dont on ne saurait mépriser les volontés, appuyées au besoin d'assez nombreux bataillons. L'ancien Piémont, accru ou gonflé de toute l'Italie, ce qui lui donne matériellement le droit de se classer parmi les grandes puissances, espère évidemment s'asseoir en ce Congrès à ce titre, et il est trop l'acolyte de M. de Bismarck pour que M. de Bismarck ne tienne pas à l'y trouver, avec ou même avant la France. La France, on n'oserait encore l'exclure de cette réunion, si cette réunion a lieu; et au contraire, nous l'avons déjà dit, nous le ferons mieux comprendre tout à l'heure, on peut être sérieusement intéressé à l'y rencontrer, à l'y attirer même. Quant à l'Allemagne, elle trônerait là sans conteste, puisque la voici devenue prépondérante en Europe, et d'autant plus qu'elle y entrerait avec son prestige de médiateur, doublé de son réel pouvoir d'arbitre. Nous ne pensons pas que d'autres Etats de plus moyenne taille pussent être admis dans ce cénacle. Si l'Angleterre y voulait appeler la Grèce, la Russie s'empresserait de demander place pour la Serbie et le Monténégro, l'Allemagne y voudrait voir peut-être la Roumanie, et l'Espagne alphonsiste plus probablement encore. Mais alors, pourquoi en exclure la Suède, le Danemark, la Suisse, et Saint-Marin et Monaco même ?

Entre la Russie, l'Angleterre, l'Au-

triche, l'Italie piémontisée et l'Allemagne, dans cet aréopage à six, au milieu
des inassouvis de Berlin, du Quirinal,
de Saint-Pétersbourg, à côté des calcu-
lateurs égoïstes de Saint-James et des
danseurs de corde de Vienne ou de
Pesth, quelle figure, hélas! ferait la
pauvre France? une figure, d'abord et
à coup sûr, moins fière même que celle
que ferait le Piémont italianisé.

Il n'y a d'admissibles que deux hy-
pothèses. Ou bien les cinq s'enten-
draient pour dépecer la Turquie au
mieux de leurs intérêts réciproques, et
avec compensation immédiate ou pro-
chaine pour ceux qui, placés trop loin,
n'auraient rien à y prendre. La France
devrait alors valider cet accord, c'est-à-
dire un nouvel agrandissement des
autres Etats, qui serait *ipso facto* une
nouvelle diminution pour elle-même ; il
lui faudrait faire cela et, ce qui a aussi
une importance notable, valider du
même coup par són assentiment impli-
cite tous les accroissements qui se sont
produits depuis 1859 au profit du Piémont et de la Prusse, c'est-à-dire à ses
dépens encore ; il lui faudrait valider en
une fois tous les remaniements de la
carte, anciens comme nouveaux, et
pour elle si préjudiciables, à moins de
se retirer, en protestant. Ou bien l'accord ne se ferait pas en dehors d'elle
sur les questions aujourd'hui en litige,

la lutte éclaterait, au contraire, entre les puissances naturellement adverses, chacune cherchant à attirer à soi les autres ; et alors à qui la France irait-elle ? Irait-elle à l'Angleterre, ou à la Russie, ou à l'Autriche, ou à l'Allemagne, au risque de se brouiller avec le groupe contre lequel elle se déclarerait, et d'avoir forcément à entrer dans une lutte formidable ?

Résumons-nous sur ce point. Réduite à pouvoir dans le Congrès beaucoup moins, bien entendu, que la Russie, que l'Angleterre et que l'Allemagne, sensiblement moins aussi que l'Autriche, et moins même que cette Italie piémontaise, trop rivée à M. de Bismarck pour n'avoir pas, jusqu'à nouvel ordre, quelque force réelle, la nation de Louis XIV et de Henri IV, la grande nation d'hier, aurait seulement le choix entre le suicide moral que constituerait son acquiescement muet à tous les bouleversements accomplis et à tous les bouleversements en train de s'accomplir, ou une protestation et une sortie bruyante du Congrès qui lui vaudraient quelque guerre immédiate, ou enfin l'entrée dans une coalition dont la guerre serait évidemment aussi, pour elle, la suite infaillible.

IV

A QUI PROFITERAIT LE CONGRÈS?

A qui donc profiteraient, c'est bien le moment de se le demander, à qui profiteraient le Congrès et les décisions plus ou moins obligatoires qui pourraient y être prises? A tout le monde peut-être, et plus ou moins, sauf à la France; la France n'a qu'à y perdre. Elle n'a qu'à y perdre, parce qu'elle y ferait éclater un peu plus son impuissance présente, et qu'ainsi un peu plus elle y apparaîtrait déchue; parce qu'en outre, la seule faculté ou liberté qu'elle y garderait, ce serait de consentir en silence à quelque diminution de sa force relative et de sa puissance parmi les autres peuples; parce qu'enfin, si elle voulait protester en se retirant, ou se jeter dans le parti de quelqu'un des cinq autres Etats, elle soulèverait contre elle les Etats adverses et courrait de la sorte à une guerre nouvelle.

Disons ici toute notre pensée à l'égard de l'Allemagne, c'est-à-dire à l'égard de M. de Bismarck, de sa politique et de la politique de ceux, en Europe, qui marchent avec lui. Le grand chancelier, qui actuellement se porte médiateur entre l'Angleterre, la Russie et même l'Autriche, veut-il sérieusement la paix? a-t-il même sérieusement envie que ses démarches soi-disant pacifiques aboutissent, et que le Congrès se réunisse? Se poser ces questions est tellement légitime, que tout le monde se les pose. Personne ne veut croire à M. de Bismarck pacificateur, et pacificateur, du moins, sans arrière-pensée, sans arrière-pensée redoutable à quelqu'un, notamment à la France. On est comme abasourdi de lui avoir vu prendre et de lui voir garder un peu de temps le rôle qu'il joue depuis quelques semaines. Le *Timeo Danaos, et dona ferentes,* du poète, se présente ici à toutes les mémoires cultivées ; et ceux que ne hantent point des réminiscences classiques traduisent la même idée en disant tout bas, ou tout haut : Que cache l'attitude actuelle, que cachent les tentatives de médiation de M. de Bismarck? Qu'y a-t-il là-dessous?

Selon nous, il existe des raisons pour que M. de Bismarck veuille sérieusement du Congrès ; mais pour qu'il n'en veuille pas et pour qu'il se livre uniquement à des simagrées, d'ailleurs utiles, il y a plus de raisons encore.

M. de Bismarck rêve, à n'en pas dou-

ter, de nouveaux agrandissements pour
l'Allemagne, il rêve un nouvel amoindrissement et de nouvelles humiliations
pour la France. Voilà son double objec-
tif. Et ce double but, il en poursuit et
en poursuivra la réalisation par toutes
les voies que les circonstances lui offri-
ront ou lui offrent ; si ce n'est point par
la guerre, ce sera par la paix. Une
grande mêlée générale, dont l'Orient
serait le prétexte et deviendrait d'a-
bord le théâtre, a dû lui apparaître
comme la plus favorable conjoncture
pour réaliser ses desseins fort noirs ;
dans cette eau trouble et sanglante il a
certainement pensé pouvoir pêcher ce
qu'il convoite ; tout le monde a vu
sa main dans les débuts et dans les dé-
veloppements mêmes de ces événements
orientaux, dans les dévoloppements de
cette lutte où la Russie ne s'est très-
visiblement engagée qu'à contre-cœur.
Quant au Congrès, maintenant, réfle-
xion faite, M. de Bismarck en veut
peut-être. Il peut en vouloir, si par hasard il désespère de voir s'engager cette
formidable mêlée qui devrait occuper à
la fois, en Orient, l'Autriche, l'Angleterre et la Russie, avec le reste de l'empire des Osmanlis, et s'il aperçoit que
le partage à l'amiable de cet empire
puisse lui offrir la chance d'obtenir
d'un autre côté quelque *compensation
équitable ;* il peut en vouloir dans cette

hypothèse, surtout, s'il réussissait à y amener la France, à nous faire valider d'un seul coup 1866 comme 1859 et 60, 1871 encore et les nouveaux accroissements obtenus par l'Allemagne dans les conjonctures présentes. Il peut en vouloir enfin, la France présente surtout, s'il y voit le meilleur moyen de brouiller les cartes, de provoquer le grand branle-bas souhaité, et d'y engrener la France.

V

LA FRANCE NE DOIT PAS ALLER AU CONGRÈS.

Non, la France ne doit pas aller au Congrès, en supposant que le Congrés vienne à se réunir. Elle n'y doit pas aller, répétons-le, insistons là-dessus, pour y faire la piteuse figure à laquelle elle se trouverait condamnée ; pour avoir à valider tout ce qui s'est fait contre elle et tout ce qui se trame encore, à l'heure même ; pour avoir peut-être à se retirer, ou bien enfin pour avoir à se prononcer contre l'un ou contre l'autre, et dans ces deux derniers cas, donner prétexte à ceux qui voudraient de nouveau tomber sur elle.

La France, jusqu'à nouvel ordre, ne doit avoir à se prononcer ni pour, ni contre personne ; elle ne doit ni faire le jeu, ni tomber dans les piéges de M. de Bismarck. La France doit se recueillir, comme la Russie s'est recueillie, et pour le moment ne se mêler de rien en Europe. Profitant des stupides folies de ceux qui l'ont trop longtemps gouvernée, l'Europe, moralement liguée contre elle, l'a momentanément abattue; l'Europe, depuis son écrasement, s'est assez souvent passée d'elle pour agir : qu'elle s'en passe encore.

Peut-être nos républicains se sont-ils mis en tête, comme on l'affirme, de faire jouer un rôle européen à leur République. Faire faire figure en Europe à leur République doit les tenter fort, en effet. Que la France pût avoir grandement à en souffrir, cela les inquiète peu, du reste : si la République doit vivre et les servir leur vie durant, que leur importe la vie ou la la mort de la France ? On sait depuis longtemps et on verrait une fois de plus que les intérèts de la France et ceux de la République sont choses fort différentes. Peut-être donc que nos républicains poussent et pousseront le gouvernement à accepter l'invitation d'aller au Congrès, si cette invitation lui est faite. Il faut que le sentiment public soit là, énergique et puissant, pour empêcher le gouvernement de suivre ces suggestions intéressées et malheureuses.

Ce que le citoyen Gambetta est allé faire à Rome et à Vienne, on ne le sait encore. Il n'est pas allé à Berlin (1), mais il avait grande envie d'y aller, et il aurait même fait demander par M. de Saint-Vallier une audience de M. de Bismarck, qui aurait refusé de le voir. Dans quel but cette audience, cette excursion à Berlin, si elle se fût effectuée, et dans quel but les autres voyages? Nous n'insisterons pas sur les velléités d'un présomptueux et d'un incapable ; nous y insisterons d'autant moins que ses pérégrinations paraissent avoir eu l'issue la plus piteuse, l'issue qu'elles méritaient, en somme. Toutefois, dans le camp républicain, on faisait miroiter la perspective d'une rétrocession possible à la France, par l'Allemagne, de la Lorraine annexée, de Metz surtout, comme prix de notre venue au Congrès, et d'une action, dans le Congrès, conforme aux volontés de M. de Bismarck. Il nous faut bien dire, dès lors, et en passant, ce que nous pensons de ces perspectives et de ces offres, ces offres eussent-elles été sincères et ces perspectives sérieuses.

Nous ignorons si des offres avaient

---

(1) Voilà que de nouveau le voyage à Berlin et l'entrevue avec M. de Bismarck sont donnés comme positifs. Qu'importe, en somme?

été faites, nous ne le croyons pas ; nous gagerions que nos républicains tout seuls avaient imaginé ce petit marché, pour l'offrir à M. de Bismarck. Si par hasard M. de Bismarck avait fait faire à nos républicains quelque insinuation dans ce sens, nous sommes persuadé qu'il se serait moqué et joué d'eux comme il se joua de Bonaparte. A supposer que M. de Bismarck eût pu ou pût, comme prix de notre soumission à ses volontés, nous offrir sincèrement et nous donner au vrai quelque chose, il n'y aurait là évidemment jamais qu'un marché de dupe : pour dix kilomètres carrés qui nous seraient restitués par exemple, M. de Bismarck prendrait quelque part, et aux dépens de n'importe qui, plusieurs provinces. D'où il suit que notre infériorité relative se trouverait non-seulement maintenue, mais aggravée.

Donc, ni par des promesses, même sincères, ni par des présents effectifs, ne nous laissons tenter. *Timeo Danaos, et dona ferentes :* que ce mot célèbre soit notre règle, surtout vis à vis de l'Allemagne. Et pour tant de motifs qui viennent d'être énumérés, gardons-nous d'aller au Congrès.

Pour rentrer dans le concert europeén, la France doit attendre de pouvoir y être écoutée, de pouvoir, au besoin, y jouer son vieux rôle de dévouement au droit, de défenseur des faibles, de justicier chevaleresque. On finira par s'apercevoir qu'elle manque au monde. Et ce jour-là, débarrassée sans doute à l'intérieur du mal républicain et révolutionnaire qui la ronge, replacée sur ses assises séculaires, c'est-à-dire dans les conditions de durée et de force qu'elle connut pendant des siècles, ce jour-là, disons-nous, elle aura des alliances qui lui permettront de reparaître, avec le rang qui lui convient, dans les réunions internationales.

Mais, demandera-t-on, peut-elle refuser de répondre à un appel qui lui serait adressé par l'Allemagne, médiatrice de paix et portant à la main le rameau d'olivier classique? N'y aurait-il pas danger pour elle à se montrer ainsi récalcitrante? Du danger? pour elle, il y en a de tous les côtés, à cette heure. Mais dans son refus, certes, il y en aurait moins que dans son acquiescement. Et si M. de Bismarck veut se battre, qu'il nous cherche une mauvaise querelle d'allemand! Mais n'allons pas en un Congrès lui fournir les triomphes ou les prétextes de guerre qu'il cherche.

Vesoul, imp. J.-B. Kasser.

L'EUROPE & LE SAHARA

Le Sahara sépare les colonies du Nord de l'Afrique, de celles du Centre, mais cet obstacle n'est pas aussi insurmontable qu'on pourrait le supposer. Si, à cause de la direction des vents et de la configuration du sol, il est difficile de modifier le désert dans le sens de l'Est à l'Ouest, il n'en est pas de même dans la direction du Sud au Nord.

Là, par un travail peu coûteux, il est facile de diminuer la largeur du Sahara et, par suite, d'améliorer le climat de l'Europe. Cette œuvre utile, doit être encouragée en opérant de la manière suivante :

Actuellement trois voies ferrées pénètrent dans le désert.

La première a son point de départ dans la province de Constantine, son point d'arrivée est Biskra.

La deuxième se dirige d'Alger vers Laghouat.

La troisième part d'Oran, longe la frontière du Maroc et prend fin à Béchard, localité située à 720 kilomètres du bord de la mer.

De ces trois autres routes, celle d'Alger à Laghouat, Ghardaïa et El Goléa, a le plus d'avenir parce que cette voie repose presque constamment sur un sol ferme et élevé, ce qui la met à l'abri des sables mouvants et d'une surprise de la part d'un ennemi.

D'ailleurs cette route n'étant pas dominée par les montagnes est dans les meilleures conditions, au point de vue de la défense du désert.

Enfin, le tracé Djelfa-Laghouat et Ghardaïa, a de l'eau sur une grande partie de son parcours.

L'eau est surtout abondante sur le plateau de Djelfa, dont l'altitude est de 1.200 mètres. En reboisant ce plateau, les sources augmenteront dans une très large proportion. Et comme déjà l'eau qui existe est plus que suffisante pour alimenter des locomotives, une partie de l'eau pourrait être amenée tout le long du chemin pour faciliter la naissance des arbres. Il faut très peu d'eau pour maintenir surtout la végétation des tamarins et des bétouns, car dès que les arbres de cette nature ont poussé, il n'est plus nécessaire de s'en occuper.

D'ailleurs, en accordant des concessions aux

colons, qui s'établiront sur le bord des routes et en les engageant à faire quelques reboisements, l'aspect du pays se modifierait en bien.

Tout en aménageant les eaux pour les faire arriver aux abords du Sahara, il est indispensable d'établir un barrage sur la rivière qui alimente l'oasis de Laghouat. Ce barrage tout en servant de barrage au chemin de fer forcerait toutes les eaux de la rivière à se rendre dans les jardins de Laghouat, tandis que, actuellement, ces eaux se perdent en grande partie dans les sables.

De Laghouat, la voie ferrée se dirigerait vers El Goléa en passant par Ghardaïa. La ville de Ghardia devrait être reliée à Ouargla, qui, est la plus importante des oasis par le nombre et la richesse de ses palmiers. Il y a plus d'un million de dattiers à Ouargla.

Déjà, on peut, à la rigueur, se rendre en voiture de Laghouat par Ghardaïa, à Ouargla. Tandis que si on veut s'y rendre en passant par Biskra, on est exposé, avant d'arriver à Tongourt a rencontrer des torrents qui à certains moments sont dangereux.

Nature du sol du Sahara.

Nous avons lu dans la *Quinzaine Coloniale*
du 25 février dernier, un article de M. Gébert,
chef des travaux chimiques de l'Ecole Centrale
des Arts et Manufactures, intitulé : « La Valeur
agricole des terres de l'Afrique Centrale et
Occidentale. »

Il est dit dans cet article :

« Enfin le manque presque complet de cal-
« caire, des terres africaines permettrait, peut-
« être d'expliquer la formation de ces déserts
« de sable qui tiennent une place si considé-
« rable sur le continent africain.

« D'après ce que nous avons dit, en effet, au
« sujet de la constitution physique du sol, on
« comprend que le défaut de calcaire a empê-
« ché la coagulation de l'argile, chargée d'ag-
« glutiner le sable. Cette argile a donc dû
« disparaître, entraînée par les eaux météori-
« ques, laissant le sable à découvert et à l'état
« de poudre fine ou impalpable.

« Ce serait donc cette poussière qui, gagnant
« de proche en proche, augmentant de plus en
« plus, soulevée par les vents, entraînée par les
« orages aurait envahi tous les espaces qui

« constituent les déserts de l'Afrique et dont
« le Sahara est le type le plus caractéris-
« tique. »

Dans certaines régions du Sahara le calcaire
peut faire défaut ; tandis que nous savons que
le calcaire existe dans les sables du décret de
la région Djelfa, Laghouat et Ghardaïa.

Car ce sol repose sur une roche calcaire, et
comme ce calcaire est, en partie, à nu, il se brise,
et les débris, sous l'action de la chaleur et du
vent, se déplacent et se réduisent en poussière
plus ou moins impalpable. Les débris du calcaire se réunissent aux sables siliceux qui
viennent de plus loin.

La roche calcaire, formant la base du désert
des environs de Laghouat a été analysée il y a
deux ans, par M. Octave Le Comte, pharma-
cien major, qui a reconnu que ce calcaire ren-
ferme 30 pour 0/0 de silice. Comment expliquer
la présence d'une semblable quantité de silice
dans une roche d'origine calcaire?

Il faut admettre que le mélange a pu s'opérer
par dissolution ou par infiltration.

Ce qui est certain, c'est que le calcaire a des
pores, mais ces pores sont-ils assez larges
pour se laisser pénétrer par des sables siliceux
très fins, ou bien est-ce par dissolution que la
silice a pu pénétrer et s'incorporer dans la
roche calcaire ? En définitive le décret existe,

parce que les pluies ne sont ni assez régulières
ni assez abondantes dans la région, qui porte
le nom de Sahara.

Quelles sont les meilleures productions du Sahara ?

**Ce sont les PALMIERS-DATTIERS,
les MOUTONS,
les CHEVAUX.**

Mais les dattes pour avoir de la valeur demandent qu'une ligne ferrée, telle que celle d'Alger
à Ouargla, en passant par Laghouat et Ghardaïa
puisse permettre de les exporter à bas prix.

Actuellement il est facile d'acheter à Ouargla
des palmiers pour la modique somme de 8 à
9 francs. Et ces palmiers donnent un produit
annuel de 8 francs, ce qui permet d'avoir un
revenu net de dix pour cent.

Peut-on trouver en France un placement
agricole semblable ? Nous n'en connaissons
pas.

Dès lors nous devons engager nos compa-
triotes, qui ont des fonds disponibles, à ache-

ter des palmiers donnant un revenu de dix pour cent. Hâtons-nous de dire que le revenu augmentera dans une plus forte proportion, aussitôt que le chemin de fer arrivera à Ouargla ; car alors les dattes s'exporteront facilement et les palmiers ne tarderont pas à acquérir la valeur de ceux de Biskra qui se vendent 200 francs au lieu de 8 francs par arbre.

Si les français n'achètent pas des palméraies dans l'oasis de Ouargla, les Mozabites de Ghardaïa et des villes du M'Zob ne les laisseront pas passer dans d'autres mains.

Déjà ils ont fait des achats considérables.

Malheureusement en France le mot de Sahara a le don de nous effrayer.

Les Moutons du Sahara.

Si le nombre des moutons n'augmente pas dans le Sahara, ce n'est pas à cause de la rareté de l'eau à la surface du sol.

En hiver et au printemps, les chameaux et les moutons se nourrissent avec des plantes renfermant une certaine quantité d'humidité, ce qui leur permet de rester trois mois sans boire.

Mais en été, au moment des fortes chaleurs, les herbes sont sèches et les moutons boivent tous les deux jours.

Et comme à cette époque de l'année l'eau est rare, les nomades partent du désert pour aller paterrer leurs bestiaux sur les hauts plateaux du sud de l'Algérie.

Avec ce mode de déplacement le Sahara ne perd pas de sa valeur, mais malheureusement il n'en est pas de même des hauts plateaux. Il en résulte que, par suite du pâturage des moutons, les arbres disparaissent de plus en plus de cette région élevée ; et cependant pour rendre le climat plus humide il faudrait reboiser, en partie, la région des hauts plateaux.

Pour conserver les moutons le plus longtemps possible au Sahara, il est indispensable d'augmenter le volume d'eau.

Déjà, pour le service des nomades et des colons, on vient de créer des citernes ; mais ces citernes reviennent à des prix très élevés, soit de 15 à 16.000 francs chacune. S'il fallait en avoir pour les bestiaux il faudrait leur donner de plus grandes dimensions, et, alors, la dépense serait trop élevée. Le moyen le plus économique consiste à établir des barrages dans les lits des rivières, afin de retenir l'eau dans les sables.

C'est ce système qui a permis aux quarante mille habitants des sept villes du M'Zob de vivre en plein désert.

Si les pluies sont malheureusement très rares

dans le Sahara, il faut cependant reconnaître que presque toute l'eau qui tombe dans le désert se conserve sous le sable, si le sous-sol est imperméable et si le sable à une certaine épaisseur.

Quelles sont les causes qui ont détourné notre attention du Sahara ?

Le seul fait que les nomades et les colons sont peu nombreux au Sahara a suffi pour éloigner notre attention de ce centre qui a cependant une importance si grande pour l'Europe.

D'ailleurs, en France, nous sommes trop portés à ne nous laisser dominer que par le nombre. Cependant nous finirons par comprendre qu'il y a des questions d'un ordre général qu'il ne faut pas négliger.

La question du Sahara commence avec juste raison à attirer notre attention.

Nous ne saurions trop le répéter en améliorant le désert nous venons en aide non seulement au climat de la France, mais même à celui de l'Europe.

Si la mode qui porte les touristes du monde vers la Côte d'Azur pouvait les diriger vers l'Algérie, cette ligne ferrée ne tarderait pas à être établie entre Oran et Ceuta et alors un grand nombre de voyageurs se rendraient dans le nord de l'Afrique en passant par l'Espagne. Et, insensiblement le Maroc sortirait de l'état de barbarie pour entrer dans le courant de la civilisation moderne.

Mais revenons au Sahara.

Non seulement il faut utiliser les eaux qui existent au Sahara, mais de plus il faut qu'une ligne ferrée se dirige d'Alger sur Laghouat, à Ghardaïa, pour aller jusques à Ouargla.

Et alors cette vaste région recevant à plus bas prix les denrées, telles que les céréales, trouvera plus de prospérité et pourra exporter à de bonnes conditions les dattes, les laines et les moutons et les autres produits du désert.

Si les nomades étaient plus riches et, si par suite du manque des moyens de transports, ils n'étaient pas forcés de payer à des prix élevés, les céréales et autres produits, à des prix excessifs, ils auraient plus de bien être et alors il leur serait facile d'élever des chevaux.

Ces chevaux, qui sont sobres, robustes, rendraient d'immenses services à notre cavalerie.

LE REBOISEMENT

DANS LA RÉGION DE LA MÉDITERRANÉE

Il est utile d'attirer constamment l'attention sur la nécessité pour l'Italie, la France et surtout l'Espagne d'entrer dans la voie des reboisements.

Des défrichements exagérés ont fait un mal incalculable aux habitants des bords de la Méditerranée.

Du reboisement dans le midi de la France.

Vers la fin de l'année 1856 ou 1857, nous avons visité, au domaine de Céleyran, près de Narbonne, des semis de pins pignons.

Ces plantations, ou mieux ces semis, avaient pour but de donner de la consistance et de la fertilité à des terrains très légers au point d'être enlevés par le vent.

L'amélioration était obtenue après une période de 10 à 12 ans. Le pin pignon avait été choisi comme donnant le plus d'humus.

En 1857 nous avons semé en ligne, dans un terrain de plaine, des pins pignons, et nous avons obtenu un très beau massif d'arbres malgré que le sol fut très maigre.

Mais lorsque nous avons continué les reboisements dans des garrigues ayant pour base des terrains calcaires ou argileux, les semis de pins pignons n'ont jamais donné un résultat pratique. Les graines ne poussaient pas.

Voici la manière dont nous avons opéré. Les graines de pin étaient semées dans de très petits vases et lorsque les pins avaient deux années ils étaient transplantés dans les trous creusés dans les garrigues ; et pour rendre la plantation pratique, il était indispensable de planter le jeune pin avec la motte.

Toutes les fois que les racines se détachaient de la motte, le pin était perdu.

Les pins une fois mis en place étaient travaillés pendant un, deux et même trois ans.

Nos plantations se sont succédées depuis l'année 1857 jusqu'en 1905 sur plus de 100 hectares. Il nous aurait été agréable de recevoir les visites des inspecteurs des forêts.

Le terrain sur lequel a été fait la première plantation en plaine a le défaut d'être trop sec en été, et trop humide en hiver ; ayant fait une autre plantation au bord de la rivière, en face de Villeneuvette, dans un terrain de gravier, des arbres de 40 ans sont déjà d'un plus fort diamètre que ceux qui ont 50 ans.

Pour obtenir des fruits assez abondants, il est nécessaire de planter ou de semer les arbres dans du terrain ayant assez de profondeur.

Dans les garrigues très sèches où la terre est rare, on obtient une certaine végétation, mais rarement des arbres à fruit.

Dans les sables du bord de la mer de la Provence et du Languedoc nous devons obtenir des résultats presque aussi avantageux que ceux que l'on constate dans les environs de Pise.

Il y a environ 300 ans, notre littoral était en grande partie boisé ; on dit que c'est le duc de Montmorency, gouverneur du Languedoc, qui fit enlever les arbres afin d'empêcher les corsaires de venir piller trop facilement nos côtes. De nos jours, il faut revenir aux reboisements ; mais, en voyant avec quelle lenteur poussent les chênes dans le Midi de la France, tout doit nous porter à semer des pins. Seulement il faut faire de bons choix afin d'obtenir de beaux revenus à chaque période de 20 ou 25 ans.

Le plus souvent on ne sème, dans le Midi, que le pin d'Alep, c'est à tort car ce pin a peu de valeur. Le pin Sylvestre, celui d'Autriche et surtout le pin Corse donne un meilleur résultat.

Le pin Corse a une belle tige et pousse moins en branches.

JULES MAISTRE.

MONTPELLIER. — IMPRIMERIE DE LA MANUFACTURE DE LA CHARITÉ

www.ingramcontent.com/pod-product-compliance
Lightning Source LLC
Chambersburg PA
CBHW061458050726
47593CB00004B/1685